AF257547

DEBUT D'UNE SERIE DE DOCUMENTS
EN COULEUR

LISTE

DES

GOUVERNEURS

LIEUTENANTS GÉNÉRAUX ET LIEUTENANTS DU ROI

EN GUIENNE

PAR

BASILE VACHER DE BOISVILLE

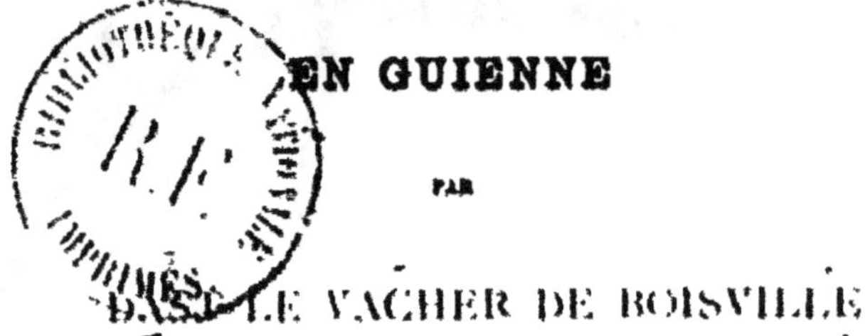

AUCH

IMPRIMERIE LÉONCE COCHARAUX

RUE DE LORRAINE

1898

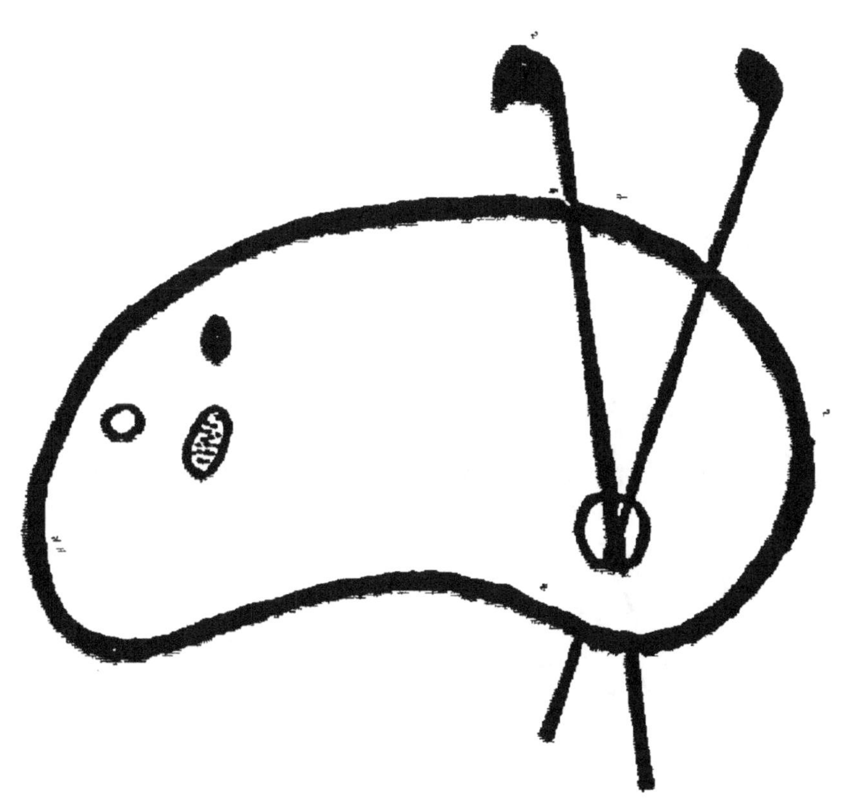

FIN D'UNE SERIE DE DOCUMENTS
EN COULEUR

LISTE

DES

GOUVERNEURS

LIEUTENANTS-GÉNÉRAUX ET LIEUTENANTS DU ROI

EN GUIENNE

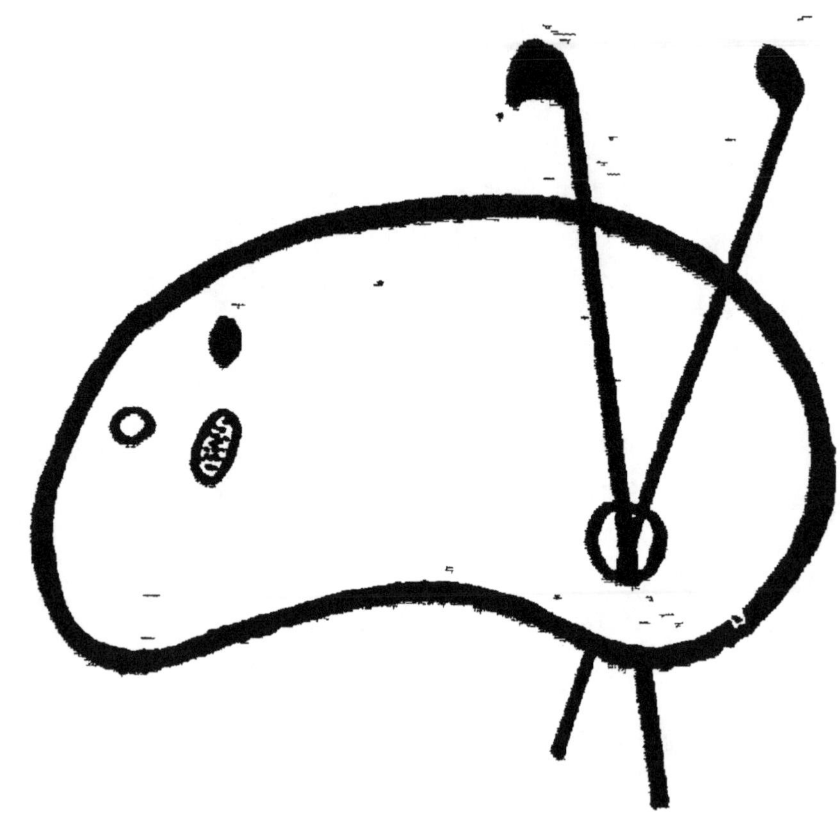

ORIGINAL EN COULEUR
NF Z 43-120-3

LISTE

DES

GOUVERNEURS

LIEUTENANTS GÉNÉRAUX ET LIEUTENANTS DU ROI

EN GUIENNE

PAR

D'AST LE VACHER DE BOISVILLE

AUCH

IMPRIMERIE LÉONCE COCHARAUX

RUE DE LORRAINE

1898

LISTE

DES

GOUVERNEURS

LIEUTENANTS GÉNÉRAUX ET LIEUTENANTS DU ROI

EN GUIENNE

I.

GOUVERNEURS DE LA PROVINCE DE GUIENNE.

1224. — Richard, comte de Cornouailles.
1257. — Simon de Monfort, comte de Leycester.
1294. — Edmond, comte de Lancaster.
1295. — Roger Bernard, comte de Foix.
1296. — Robert d'Artois.
1297. — Edmond, comte de Lancaster.
1324. — Charles de Valois.
1326. — Alphonse d'Espagne.
1329. — Edmond, comte de Kent.
1330. — Charles de Valois.
1338. — Gaston de Foix.
1339. — Jean de Luxembourg.
1343. — Henry Plantagenet, comte de Derby.

1345. — Pierre de Bourbon.

1355. — Edward, prince de Galles.

1355. — Jacques de Bourbon, comte de la Marche.

1356. — Le Dauphin du Viennois.

1361. — John de Gaunt, duc de Lancaster.

1370. — Louis, duc d'Anjou.

1371. — Pierre de Foix, captal de Buch.

1372. — Le comte de Pembroke.

1383. — Le duc de Berry.

1401. — Le duc de Bourbon.

1412. — Le duc de Clarence (fils d'Henry IV).

1413. — Thomas, comte de Dorset.

1417. — Le dauphin de France.

1417. — Le comte de Sommerset.

1418. — Louis de Chalons, prince d'Orange.

1419. — John, duc de Bedford.

1422. — Charles, duc de Bourbon.

1434. — Le comte de Foix et de Bigorre.

1440. — Charles, duc d'Anjou.

1443. — Louis, dauphin de France.

1450. — Jean, duc de Bretagne.

1451 (30 juin). — Jean, comte de Dunois et de Longueville.

1452. — Jean de Bourbon, comte de Clermont.

1461. — Jean de Lescun, bâtard d'Armagnac.

1466. — Philippe de Savoie.

1467. — Jean de Foix, captal de Buch.

1469. — Charles de Berry.

1474. — Pierre de Bourbon.

1482. — Odet d'Aydie, comte de Comminges.

1492. — Charles, comte d'Angoulême.

1493. — Gaston de Foix, comte de Kendal.

1496. — Mathieu, bâtard de Bourbon.

1512. — François d'Orléans, duc de Longueville.

1514 (v. st.) (7 janvier). — Odet de Foix, comte de Lautrec.

1528 (29 août). — Henry d'Albret, roi de Navarre.

1555. — Antoine de Bourbon, roi de Navarre.

1562. — Henry de Bourbon, roi de Navarre.

1596 (25 décembre). — Henry de Bourbon, prince de Condé.

1618 (28 juillet). — Henry de Lorraine, duc de Mayenne.

1622 (27 août). — Jean-Louis de Nogaret de la Valette, duc d'Épernon.

1634. — Bernard de Nogaret de la Valette, duc d'Épernon.

1636 (16 octobre). — Henry de Bourbon, prince de Condé.

16..1. — Henry de Lorraine, comte d'Harcourt.

1643 (16 juillet). — Bernard, duc d'Épernon.

1651. — Louis de Bourbon, prince de Condé.

1654. — Armand de Bourbon, prince de Conti.

1660. — Bernard, duc d'Épernon.

1671 (31 mai). — Le maréchal César-Phœbus d'Albret.

1676. — Le duc de Roquelaure.

1684. — Le comte de Toulouse.

1695. — Le duc de Chaulnes.

1696. — Le duc de Chevreuse.

1712 (décembre). — Le comte d'Eu.

1758 (4 juin). — Le maréchal duc de Richelieu.

Cette liste, aussi complète que possible, dressée d'après divers documents manuscrits des Archives municipales de Bordeaux (liste manuscrite du XVIIIe siècle, registres de la jurade, *Chronique Bourdeloise*), a été complétée d'après les lettres de provision et les arrêts d'enregistrement déposés aux Archives départementales de la Gironde, séries B et C.

II.

LIEUTENANTS DE ROI COMMANDANT EN CHEF.

1216. — Savary de Mauléon.

1273. — Raoul de Clermont, seigneur de Néelle et de Briois, connétable de France.

1289. — John de Havering.

1293. — John de Saint-John.

1306. — Robert de Savage.

1319. — John de Nevill.

1337. — Raoul de Brienne, comte d'Eu et de Guines.

1338. — Pierre de La Palu, seigneur de Varambon.

1339. — Étienne de La Baume, dit *le Gallois*.

1339. — Simon d'Arquery.

1340. — Jean de Marigni, évêque de Beauvais, puis archevêque de Rouen, etc.

1344. — Le comte de l'Isle-Jourdain.

1349. — Guillaume de Flavacourt, archevêque d'Auch.

1352. — Le comte de Stafford.

1358. — John de Cheverston.

1360. — John de Chandos.

1374. — Thomas de Feltown.

1375. — Gaston-Phœbus de Foix, captal de Buch.

1378. — Jean, sire de Neufville, maréchal de France.

1379. — Thomas de Percy, comte de Worcester.

1391. — Louis de Sancerre, maréchal de France.

1392. — John de Gaunt, duc de Lancaster.

1401. — François Hugocion, cardinal-archevêque de Bordeaux.

1404. — Simon de Cramaud, évêque d'Agen, puis cardinal-archevêque de Reims.

1406. — Jean le Meingre de Boucicaud, maréchal de France.

1412. — Guillaume de Vienne, dit *le Sage*, seigneur de Saint-George.

1418. — Renaud, vicomte de Murat.

1428. — Jean de Tarans.

1439. — John, comte de Hungtington.

1450. — John Talbot, comte de Shrewsbury, de Waterford et Wexford.

1453. — Olivier de Coëctivy, seigneur de Taillebourg.

1460. — Jean, bâtard de France.

1472. — Pierre de Bourbon, sire de Beaujeu.

1480. — Georges, cardinal d'Amboise.

1487. — Gaston de Foix, comte de Kendal.

1512. — Odet de Foix, sire de Lesparre et de Lautrec.

1520. — Bertrand d'Estissac.

1529. — Charles, cardinal de Grammont, archevêque de Bordeaux.

1547 (juillet). — Tristan de Monenh.

1549. — Jean de Daillon, 1ᵉʳ comte du Lude.

1554. — Charles de Coucy, seigneur de Burye.

1556. — Jean de Daillon, 1ᵉʳ comte du Lude.

1557. — Antoine de Noailles, amiral de France.

1560 (7 septembre). — Charles de Coucy, seigneur de Burye.

1562 (10 décembre). — Blaise de Monluc, maréchal de France, ne fait son entrée à Bordeaux qu'au mois de novembre 1568.

1569. — Paul d'Estuer de Caussade, comte de Saint-Mégrin et de La Vauguyon.

1570 (3 septembre). — Honorat de Savoie, marquis de Villars, maréchal de France, fait son entrée à Bordeaux le 30 octobre 1570.

1571. — François Desprez, marquis de Montpezat.

1572. — Honorat de Savoie, marquis de Villars, maréchal de France.

1572. — Bernard d'Aydie, sire de Lescun.

1573. — Jean de Nogaret de La Valette.

1577 (octobre). — Le maréchal de Biron.

1581. — Le maréchal de Matignon.

1592. — Emmanuel-Philibert, marquis de Villars.

1593. — Le maréchal de Matignon.

1597 (octobre). — Le maréchal d'Ornano.

1610 (février). — Le maréchal Antoine de Roquelaure.

1622 (janvier). — Le maréchal de Thémines.

1627 (2 septembre). — Le maréchal de Saint-Luc.

1639 (19 avril). — Charles d'Escoubleau, marquis de Sourdis.

1642. — Charles de Schomberg, maréchal de France.

1650. — François, marquis de Saint-Luc.

1653 (10 octobre). — Godefroy, comte d'Estrades, maréchal de France.

1670. — Le comte de Montégut.

1675 (11 mai). — Le marquis d'Ambres, lieutenant général du Roi dans la Haute-Guienne.

1685. — Le maréchal de Boufflers.

1686 (6 août). — Le marquis de Saint-Ruhé.

1689 (13 mars). — Le maréchal de Lorges.

1690 (21 avril). — Le marquis François de Sourdis.

1704 (5 avril). — Le maréchal de Montrevel.

1716 (avril). — Jacques Fitz-James, duc de Berwick, maréchal de France.

1719 (7 juin). — Le marquis d'Asfeld, maréchal de France.

1721. — Jean de Durfort, duc de Duras, marquis de Blanquefort.

1725. — Le marquis de Bonnelles.

1734. — Jean-Baptiste de Durfort, duc de Duras, maréchal de France.

1756. — Jacques-Antoine de Ricouart, marquis d'Hérouville.

1757 (juillet). — Charles O'Brien de Clare, comte de Thomond, maréchal de France.

1758. — Charles-Claude Andrault, marquis de Langeron.

1759. — Louis de Durfort, duc de Lorges, maréchal de France.

1766. — Charles-Just de Beauvau, maréchal de France.

1775 (22 janvier). — Philippe, comte de Noailles, duc de Mouchy, maréchal de France, fait son entrée à Bordeaux, le 20 mars 1775.

1783 (par intérim). — Joseph, comte de Fumel.

1786. — Le comte de Brienne.

1787. — Joseph, comte de Fumel.

Auch. — Imprimerie Brevetée Léonce Cocharaux, rue de Lorraine.

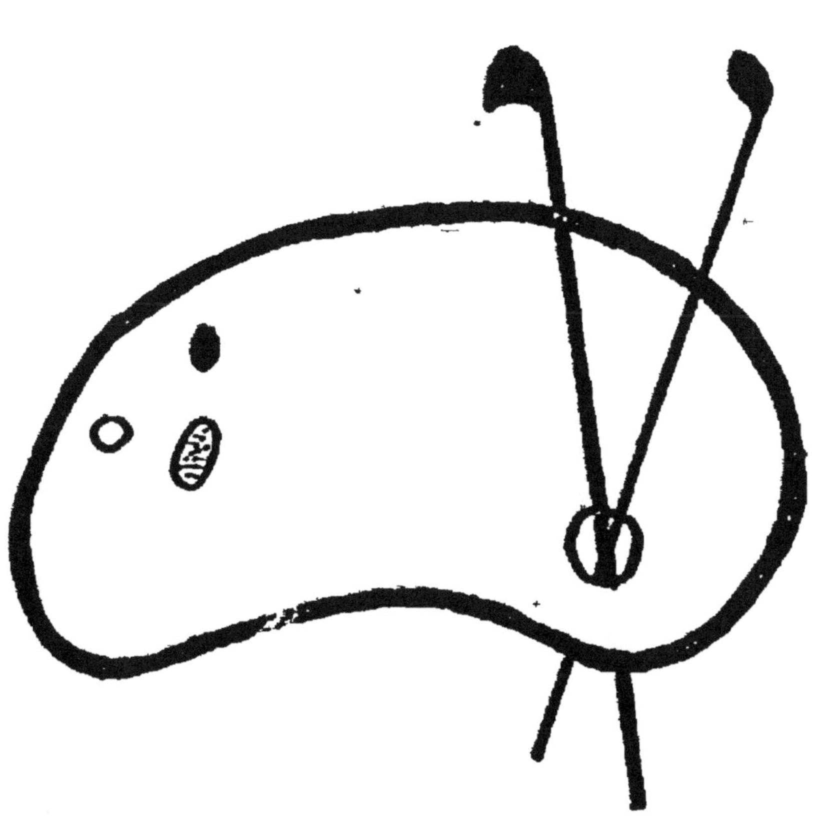

ORIGINAL EN COULEUR

NF Z 43-120-8